24 poems
by
Marco Fazzini
in Italian and English

with photographs by Paula Sweet

HcT! Books

24 Poems by Marco Fazzini
©2014 by Marco Fazzini
ISBN 978-1500344320
First edition August 2014
An 'HcT! Book

Translations by Douglas Reid Skinner
Introduction by Douglas Dunn
Photography by Paula Sweet
Designed by SMoss

About the poet:
MARCO FAZZINI's major poetry collections are: *Nel vortice* (1999); *XX poesie* (2007); *Driftings and Wrecks* (2010). He has published articles and books on post-colonial literatures and has translated some of the major English-language contemporary poets, including Philip Larkin, Douglas Livingstone, Norman MacCaig, Douglas Dunn, Charles Tomlinson, Edwin Morgan. In 2012 he has published an extensive study on poetry and songwriting, *Canto un mondo libero*. He is lecturer at the University of Ca' Foscari, Venice.

About the translator:
DOUGLAS REID SKINNER was born in South Africa and has lived in Cape Town, Johannesburg, New York, San Francisco and London. He has published six collections: *Reassembling World, The House in Pella District, The Unspoken, The Middle Years, Blue Rivers* and *Heaven: New & Selected Poems*. With Marco Fazzini, he was awarded joint-First Prize in the 1995 British Comparative Literature Association, Open Translation Prize for poems translated from the Italian of Valerio Magrelli.

About the photographer:
PAULA SWEET is a creative force of nature. Photographer, fashion designer, writer, craftsperson, world traveler, her *Muslin Mink* is in the Permanent Collection of the Costume Institute at the Metropolitan Museum of Art., New York City.

Introduzione

Ciò che mi piace della poesia di Marco Fazzini è che offre un lirismo più quieto e più meditativo di quello al quale molti lettori anglofoni sono abituati in tempi di declamazione pubblica. Personalmente, trovo che questo sia corroborante – un impegno non solo con i confini della coscienza trasposti onestamente sulla pagina ma con la mente e la voce d'un poeta le cui percezioni sondano i misteri dell'esperienza e dell'esistenza.

Douglas Dunn

Introduction

What I like about Marco Fazzini's poetry is that it offers a quieter and more meditative lyricism than many Anglophonic readers may be used to in a time of public declamation. Personally, I find this refreshing — an engagement not only with the edges of consciousness rendered honestly on the page but with the mind and voice of a poet whose perceptions probe the mysteries of existence and experience.

Sabbia
Sand

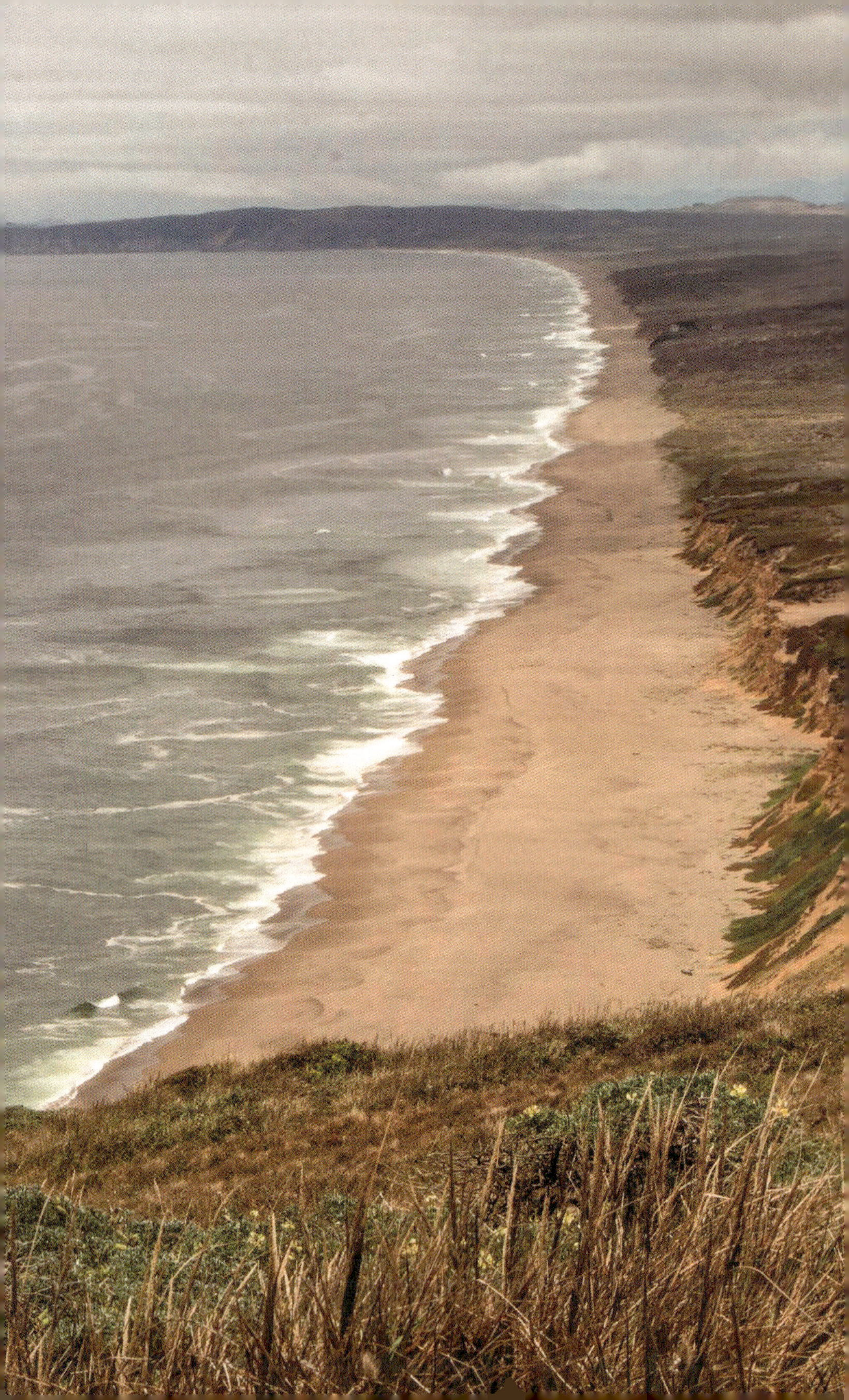

Deserto del Namib

Non rimane che l'attesa
a ora tarda di barcane
a mezzaluna sopra i rostri
d'un deserto inaspettato.

Di null'altro che il ricordo
è la vita un acumine di polveri.

Namib Desert

Nothing remains but the waiting
at a late hour for the half-moon
barchan dunes above the battering-ram
of an unexpected desert.

Life is a sharp blade of dust
of nothing more than memory.

Al Capo

Quell'anno s'arenò una ciurma stanca
sull'inganno di maree primaverili,
tra caleidoscopi di soli
e cetacei lenti alla deriva.

Quell'anno, prima delle ruggini,
delle geometrie di sali innervati
dall'oceano, prima che le rotte
divenissero mistero delle onde.

Quell'anno incominciai
a ridere di noi, dei coralli
delle nostre vite, atolli che s'orlano
ogni giorno di nuove scorie,

pulsando nel tumulto di forze
innaturali. Fu l'anno che vidi
alzarsi sulla riva la scia
d'un leopardo alla rincorsa.

At the Cape

That year, deceived by spring tides,
the tired crew ran aground
among kaleidoscopes of suns
and slowly drifting cetaceans.

That year, before the rusts,
the streaked geometries of ocean
salt, before the routes
became a mystery of the waves.

That year, I started
laughing at us, at the corals
of our lives, atolls fringed
daily with fresh scum,

pulsating in the turmoil of unnatural
forces. It was the year I saw
dust trailing in the wake
of a leopard on the run.

Welwitschia mirabilis

Un assegai piantato tra dune
e venti e ritorni di dune
gravita ora nel tuo occhio
di conifera nana pulviscoli
di carne e di osso annotati
dal tempo sopra fogli di nebbia.

Bevendo, bevi tristi battaglie,
fondi d'attese, millenari kraal
deserti, motivi pizzicati sull'arco
d'un boscimano solo che s'attarda
sul tuo cuscino di foglia e trema
nella scheggia d'un sogno.

Welwitschia Mirabilis

An assegai planted among dunes
and winds and recurring dunes
now gravitates into your dwarf
conifer's eye, the dusty pollen
of flesh and bone recorded
by weather on pages of fog.

Drinking, you drink sad battles,
aquifers of waiting, deserted thousand-
year-old kraals, tunes plucked from the bow
of a solitary bushman who lingers
on your cushion of leaf and shivers
in the splinter of a dream.

St. Andrews

Ho camminato lungo questa spiaggia
un pomeriggio, e poi ancora un altro

smuovendo i piccoli segreti
di conchiglie abbandonate
dentro un fiordo.

Domani saranno forse sabbia,
o detriti che la storia avrà dimenticato.

Un grande corvo sopra un palo
mi scruta dentro il vuoto.
Domani sarò già partito.

St Andrews

I strolled along this shore
one afternoon, and again on another

uncovering the tiny secrets
of shells abandoned
in a bay.

Tomorrow, they might be sand,
or detritus that history has forgotten.

A large crow on a post
stares at me in the emptiness.
Tomorrow, I will be gone.

I massi delle Highlands

I massi in tumuli discreti
      nelle schiene di Dalriada,
            Skye e Mull cicatrizzano
una cute spessa e umida
                di torba
che pesto rimbalzando.

Inerme contro il segno
      d'un costrutto antico
            mi chiedo
se tu sei gioco sacro meridiana
                o macchina
che burla il tempo
            o un disegno per il niente
che noi siamo
      o un marchio per la via.

Come voi immobile qui in piedi
      ascolto;
           smisurato l'afono centro.

Cairns in the Highlands

The boulders, in mounds, stand out
        along the backbone of Dalriada,
                Skye and Mull scar
a thick damp skin
                      of peat
on which I bounce.

Defenseless against the evidence
        of an ancient construct
                I wonder
whether you are some sacred game, sundial
                        or an engine
that makes fun of time
                      or a design for the nothingness
that we are
        or a wayside marker.

Like you, motionless, standing here
        I listen;
                immeasurable, the silent center.

NELLE SHETLANDS

C'era un'onda che non dormiva;
era ladra e assassina
fino a notte fonda. Del vento
si cibava, e della pioggia,
sotto la luna, e con il ventre gonfio.
Digrignava i denti sulla spiaggia.
L'ascoltavo frantumare detriti
e rottami, ingoiare
quello che non ricordava più
la sua natura: roccia, vegetale,
umore minerale
della terra.
Qui il reale
trasforma le sue parti,
ma tuffando una mano tra le pietre
il sangue balza ancora
dal vortice del tempo.

In the Shetlands

There was a wave that never slept –
thief and assassin –
until the middle of the night. It ate
wind and rain
in the moonlight, its belly swollen.
It ground its teeth along the shoreline.
I listened as it crushed the debris
and wreckage, swallowing
everything that has forgotten
what it was: rocks, vegetation,
the mineral secretions
of the earth.
Here, reality
transforms its elements,
but plunge a hand among the stones
and the blood still jumps
from the vortices of time.

Clessidra

Cadono giù, affrettandosi
mutevolmente, nello stomaco
d'un'esile clessidra
cirri, creste d'onda
e perse ragusee
per metamorfosi
d'amore
dimenticati
nella forra
del tempo.

Nell'altro
emisfero
monti fiumi e frane
di nuovo pronti
a dirocciare
per chissà quale
mano immortale
verso l'ansia dell'appuntamento,
le ferite, il precipizio. Entro te, spalle
alle pareti, ascolto il tremore d'un'altra adunata.

Hour-Glass

Down they fall, hurrying
fitfully, in the belly
of a slender hour-glass:
cirrus-clouds, wave-crests
and argosies lost
through metamorphoses
of love
forgotten
in time's
ravine.

In the
other hemisphere
mountains rivers
and landslides
once more on the point
of crumbling into ruin,
through who knows what
immortal hand, towards the anxiety
of the rendezvous, the wounds,
the precipice. Inside you, my back to the
wall, I listen to the tremor of another gathering.

Valle della Morte

Tra le dune gobbe e dure
di Zabriskie
non c'è acqua.
Attendo come se ogni grano
qui cantasse,
riuscisse a presupporre
la sua pietra,
e i tumuli cangianti che rimiro
scoprissero segrete correnti della vita.
Contro ogni assalto del tempo,
e dell'acqua,
il silenzio canta con la pietra.
Così il cuore.

DEATH VALLEY

Among Zabriskie's hard
and hunch-backed dunes
there is no water.
I wait as if every grain
here sings,
might manage to presuppose
its own stone,
and the changing tumuli at which I stare
might conceal the secret currents of life.
Against time's and water's
every assault,
silence sings with stone.
As does the heart.

Barche
Boats

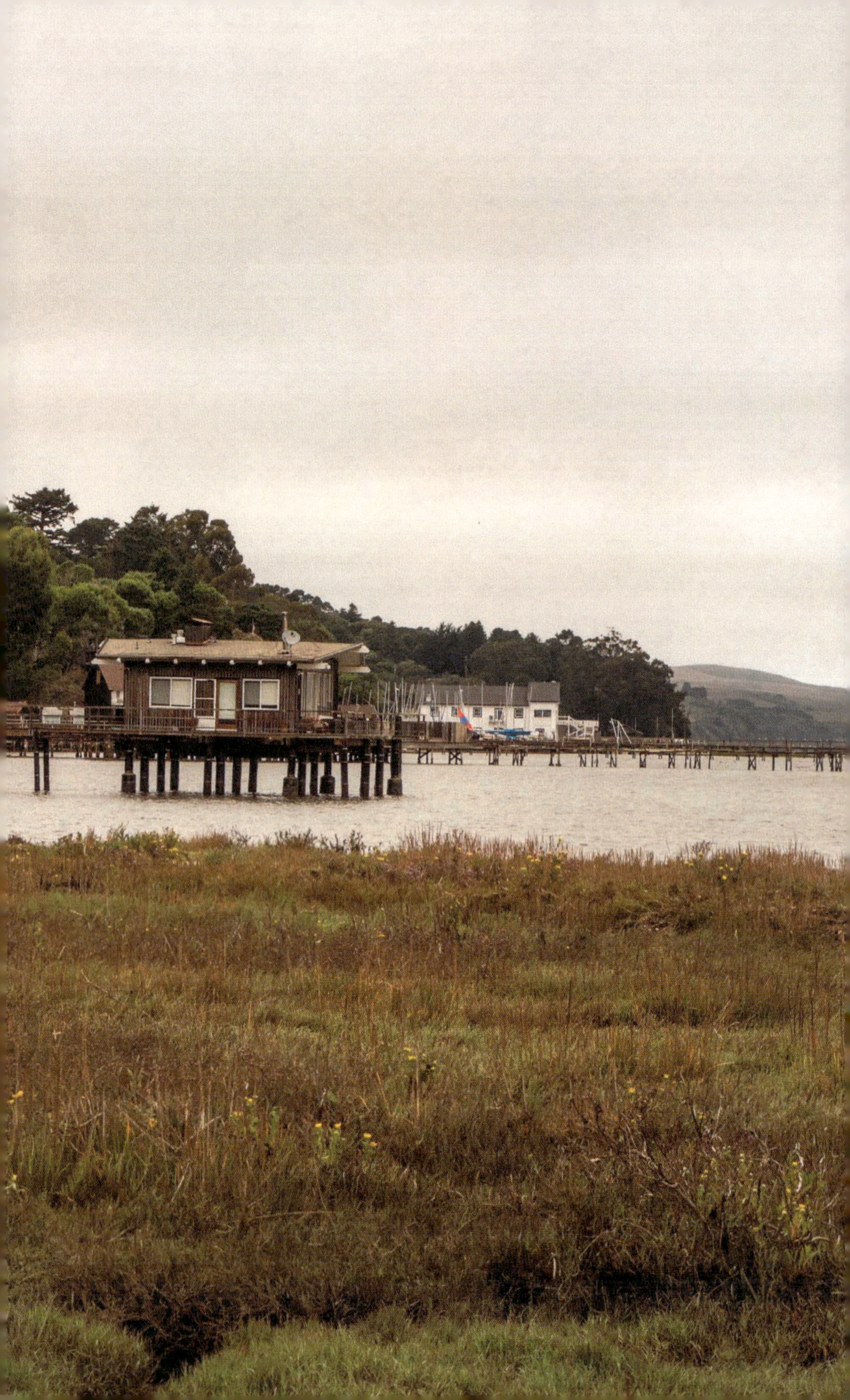

Andrò domani

Andrò domani a un altro porto,
dove sono già stato, dove sono già morto.
Vi tornerò. E, di là, guarderò quell'ultima rotta,
un destino perduto, una vena d'acqua
che le mie mani hanno goduto.

Tutto scorre in ruote di mistero;
solo la brezza è la certezza del silenzio,
un verso difficile che ascolto di lontano.
Ma cos'è quella distesa di onde e luce,
dove l'occhio cuce vegetazione e sangue,
la pretesa d'un astro che muove piano?

Difficile amicizia la malinconia.

I Go Tomorrow

I go tomorrow to another harbor
where previously I'd been, where I am already dead.
I'll return there. And from there see the final way,
the lost destiny, the vein of water
in which my hands once rejoiced.

Everything glides on mysterious wheels;
only the breeze has the certainty of silence,
a difficult line heard from afar.
What is this expanse made of waves and light,
where sight stitches together vegetation and blood,
claims of a slowly moving star?

A difficult friendship, nostalgia.

Stavo in veranda la sera

Stavo in veranda la sera,
in attesa che la pioggia sciogliesse
la calura del passato giorno,
il ritmo d'una lenta tiritera.

Poi, alto e sporco dalla baia
saliva un bagliore, e sordo
illuminava il clangore dei mezzi
sul canale, d'attracchi lungo i moli.

Le vele dei vascelli contro vento
immemori sbandieravano in cerca
d'un motivo per tendersi, e io
nell'interrogarmi sopra l'anima

del mondo, pensavo che questa
non potesse essere altro che una
debole brezza che dava alla pietà
il volto oscuro del destino.

In the Evenings

In the evenings, I'd sit on the verandah
and wait for the rain to dissolve
the heat of the day just past,
a rhythmic, well-worn patter.

Then, a high and dirty glare rose
from the bay, and dully illuminated
the noise of machines on the canals
and docking berths along the quays.

The sails of boats tacking against the wind
waved without thinking as they searched
for a reason to billow, while I
wondered about the spirit

of the world, thinking it
might be nothing more
than a gentle breeze giving mercy
the obscure face of destiny.

UNA BARCA

Una barca nella baia
issa la vela più candida
che io abbia mai visto
facendo a bordo scivolare
la sua àncora madida di sudore
per carghi di solitudine, attese, dolore.

Pieni di speranze,
gli occhi di chi resta a terra
scrutano fuori verso il mare
non sapendo il suo ritorno
ma aspettando di vedere
una vela nera sulle acque chiare.

A Boat

A boat in the bay
hoists a sail more pure
than any that I have ever seen,
the anchor chain sliding
on board, wet with sweat
from cargoes of solitude, waiting, grief.

Filled with hope,
the eyes of those who remain on land
stare out to sea
not knowing when it will return,
waiting expectantly
for a black sail on clear water.

Rimango un poco

Rimango un poco
fermo a largo.
La solitudine del mare
è calma, impenetrabile,
come la foschia
che infine s'alza all'orizzonte
a disvelare i volti,
le linee del porto
verso cui dirigo.

L'ostinazione del tempo
salpa l'ancora
e allora mi lascio
trasportare alla deriva,
con un carico d'errori,
un fremito pressante
nelle ossa, le lacrime, e un otre
sorridente di vino nella stiva.

Ma di che parlo io se non di barche?

For a While

For a while I stay still
far out at sea,
its solitude
calm, impenetrable,
like the haze that lifts at last
on the horizon
and unveils the faces,
the outlines of the harbor
I'm heading towards.

The obduracy of time
weighs anchor
and I allow myself
to be carried along, drifting
with a load of mistakes,
an urgent trembling
in my bones, tears, and a full
wineskin smiling in the hold.

But what is it I am talking about if not boats?

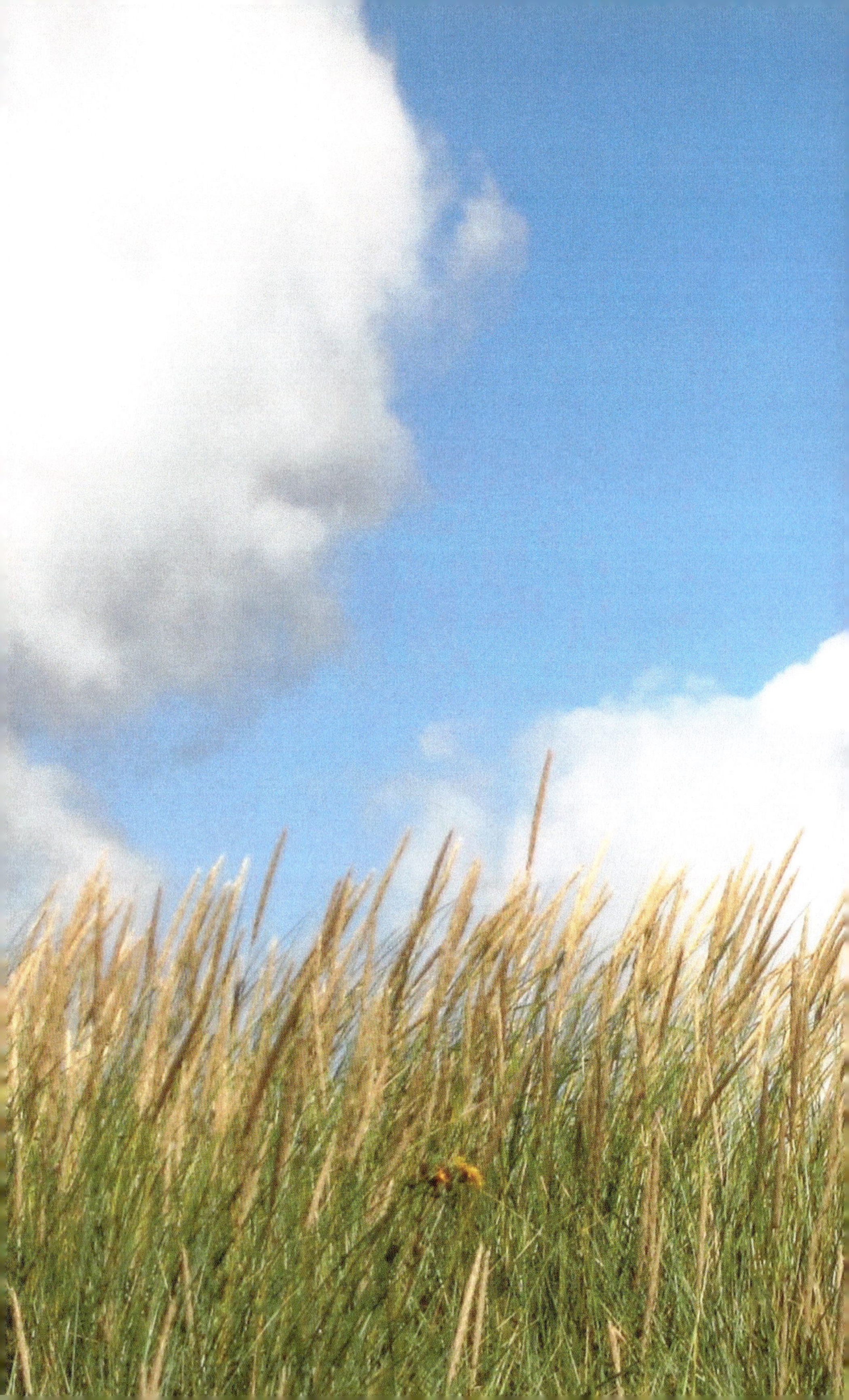

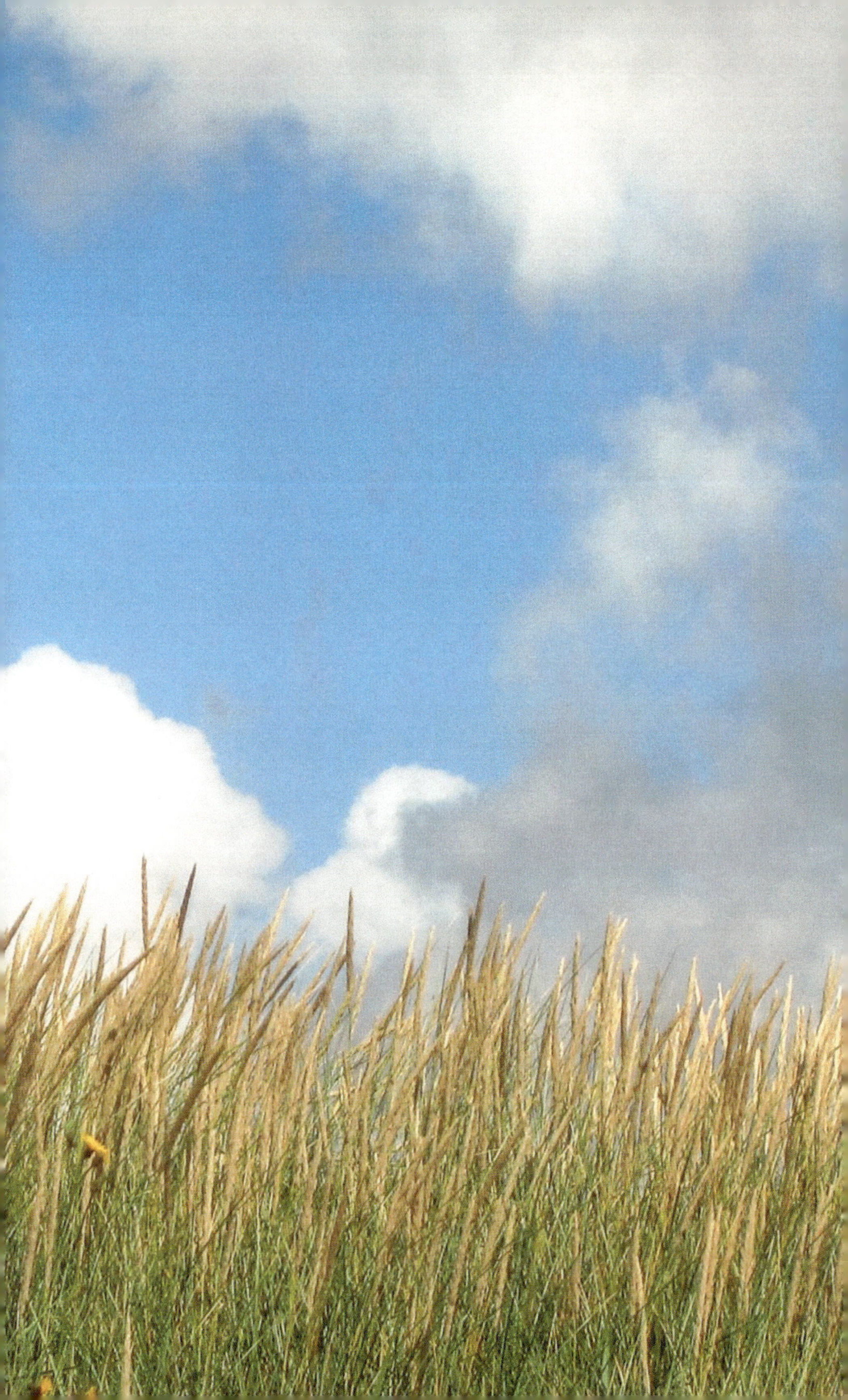

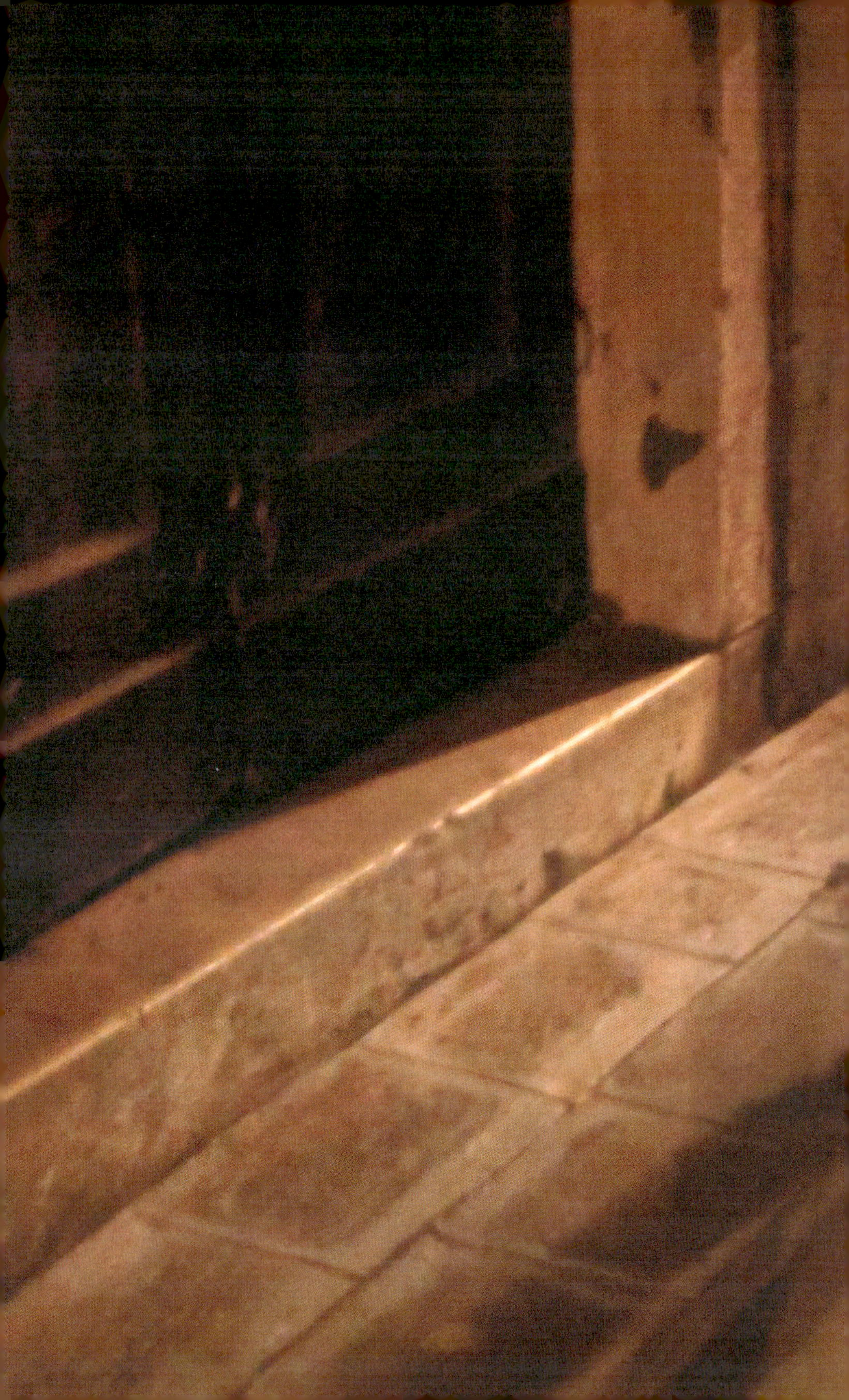

Ombre
Shadows

È SULLO SPECCHIO
(per Seamus Heaney)

È sullo specchio speleologico
d'un pozzo che m'affaccio, cercando
un segno del passato
che nel presente porti
luce e strada a futuri eventi.

Dal tuffo dentro il tempo strombato
in questa storia d'acque emerge
dunque il reperto favoloso,
onda, amore e sonda d'oltre i sogni,
un'era ormai a riposo.

Da qui lontano un bosco,
un volto una cornice
amplificano l'oscuro enigma
sepolto dentro la pupilla della sera.

The Well
(For Seamus Heaney)

It is into the speleological mirror
of a well that I look, searching
for a sign from the past
that now might bring
light and direction to what will be.

Out of that dive into time splayed
through the history of waters
there emerges a fabulous find,
a wave, love and delving from beyond the dreams,
an era now at rest.

A forest far from here,
a face, a picture frame
amplify the obscure enigma
buried in the eye of the evening.

IN VILLA
(per Mario Luzi, Marco Priori e Gino Olivieri)

E tutto si ravvolge in una sfera,
matassa ch'eterna fila d'altri tempi,
lo sciatore dell'alpe incontrastata
il naufrago solitario,
e il poeta che oggi mi rammenta
d'un giardino solare,
e d'un terrazzo per rimirare
vite d'altri giù nel basso,
e di lontano la mia a venire,
il lontano essendo l'a priori
del tempo, il nume invitto,
che quel trio trasogna, rammemorando.

At a Country Villa
(for Mario Luzi, Marco Priori and Gino Olivieri)

And everything is wound into a ball,
a skein that preserves the threads of other times,
the skier of the unchallenged alps,
the shipwrecked solitary,
and the poet who today reminds me of
a garden full of sunlight,
a terrace from which to gaze
at the lives of others below,
my own still coming from far away,
the far-off being the a priori
of time, the unconquered god,
about which the trio daydream, reliving memories.

Arethusa
(for Douglas Livingstone)

When he moved away from his land
to look for another where his body
would become a swathing river
flooding me from the inside, my friend
confessed he had been writing

planning his course through islands,
and seas, and caves in the islands,
charting his way to reach the place
where Catullus was preparing his gems –
I opened those lines, fiery with love.

But when he finally reached me, all
I could say was *Will you bring me, Alphaeus,
my Plato, my Cavafy, my Sappho to read?*
And his muscles relaxed, his sinews of water
rippled my flesh like an unbraiding delta.

(Originally authored in English, 2007.)

Arethusa
(per Douglas Livingstone)

Quando se ne andò dalla sua terra
per cercarne un'altra dove il suo corpo
sarebbe stato un fiume avvolgente
che di dentro m'avrebbe inondato, il mio amico
confessò che stava scrivendo

pianificando il suo corso tra isole,
e mari, e grotte tra isole,
mappando la rotta per il posto
dove Catullo preparava tesori –
fui io ad aprire quelle vie, ardente d'amore.

E quando infine mi raggiunse
tutto ciò che dissi fu: *"Mi porterai, Alfeo,*
il mio Platone, il mio Kavafis, il mio Saffo da leggere?"
E i suoi muscoli si rilassarono, i sui nervi d'acqua
incresparono la mia carne, come delta strecciato.

(Translated from English by Marco Fazzini, 2014)

Ogni cosa
(su una foto di Eugénio de Andrade col suo gatto)

Ogni cosa su quel tavolo
mostra la sua aureola di luce,
il vino, il pane,
quelle olive cariche del sole
dell'estate ormai declive.
Il gatto è là, la coda
tanto nera, accesi
i suoi occhi tanto grandi,
creatura attenta che dormendo
guarda, e guardando
rischiara la mano del poeta
che corre sopra i fogli,
cresce pagine del libro,
traccia la fiumara
d'un nodo ardente di luce
che su una stella va smorendo.

EVERYTHING
(after a photo of Eugénio de Andrade with his cat)

Everything on that table
displays its aureole of light,
the wine, the bread,
those olives full of the sunlight
of a declivous summer.
The cat is there, its tail
so black, its eyes
so large and luminous,
a careful creature that, while still asleep,
watches, and in watching
lights up the poet's hand
as it runs over sheets of paper,
growing the number of pages in the book,
tracking the torrent
of a fiery knot of light that fades,
dies away upon a star.

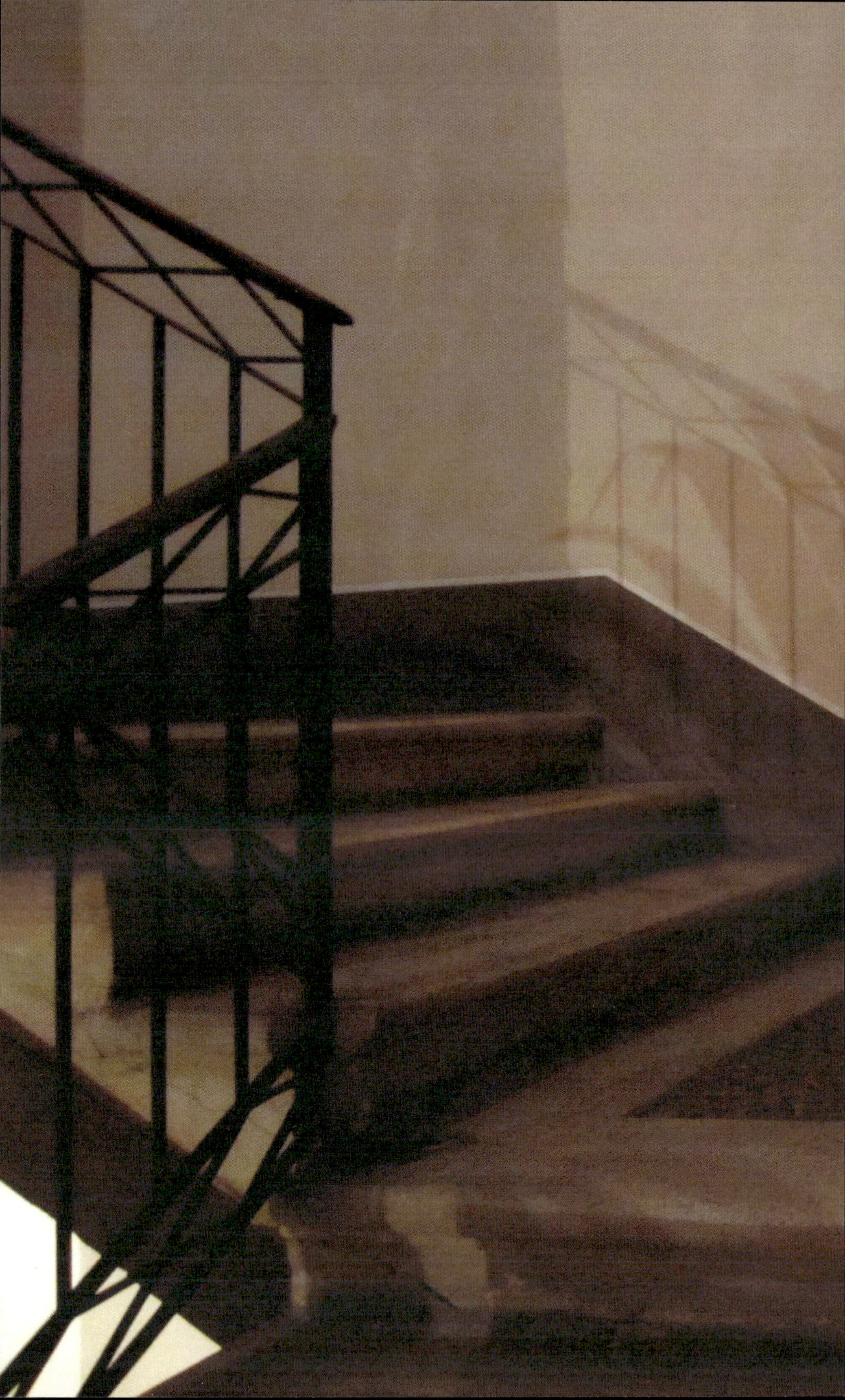

Muse
Muses

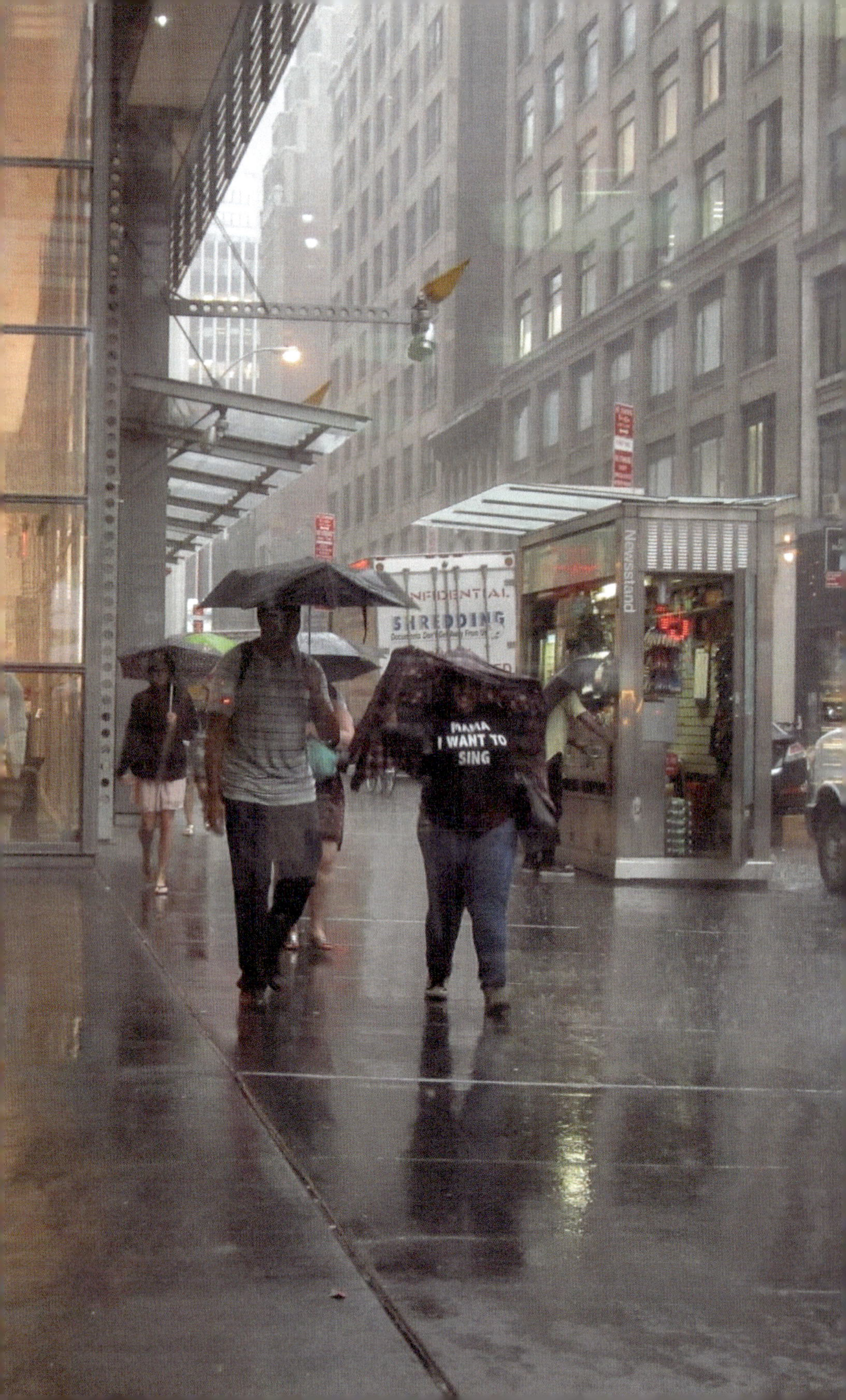
Newsstand
SHREDDING
I WANT TO
SING

Alla poesia

Alla poesia non giungi
se non per il candore
d'un gabbiano che ride
su labbra, o nuvole.

Non c'è ora altra strada.

O per il canto d'una dea
che sopra al foglio scuro
intona a squarciagola
il suo buongiorno alle stelle.

To Poetry

You don't come to poetry
if not through the candor
of a seagull who laughs
on lips, or clouds.

There is no other road now.

Or through the chanting of a goddess
who, above the dark page,
sings 'good morning'
out loud to the stars.

Case galleggianti

Furono i tuoi occhi
della luce della primavera
a colpirmi,
e quelle gambe affusolate,
con rigore accavallate
per tenerci sopra
una rivista da stazione.
"Case galleggianti…", mi dicesti,
scorrendo le pagine.
"Chissà se le usano
per poterle trasportare
o vederci sotto, in trasparenza,
i pesci d'un qualche mare".

Intanto il treno ci rullava via,
e il tuo corpo danzava a ritmo,
come avrebbero fatto
soggiorno, cucina, bagno,
e il tuo letto galleggiante, diretti
verso i quattro punti cardinali,
o i miei piedi sopra l'acqua,
desiderosi d'arrivare a casa,
trovare una dea raggiante
a nuotare con eguale desiderio,
un pesce dentro i flutti
dalle schiume tropicali.

Floating Houses

It was your eyes
which battered me
with their spring light,
your tapered legs
crossed so carefully
beneath a magazine
from the station.
"Floating houses…", you said,
glancing at the pages.
"I wonder if they
can be transported, or used
to see a few fish in the sea
through a transparent floor."

Meanwhile, we rolled along on the train
and your body danced
to the rhythm
as living room, kitchen, bathroom
and your floating bed
would have done, directed
towards the four cardinal points,
or my feet above the water,
eager to get home
and find a radiant goddess
swimming with the same desire,
a fish in billowing
tropical foam.

A LUME DI CANDELA

Forse, come me,
talvolta tu ti svegli
a fianco d'una fiamma
che muta leggera
come sabbia,
e poi scorre verso l'alto,
costruisce la sua forma,
mentre il tempo
indaffarato a ogni istante
si fa liquido bruciante,
un ruscello verticale,
e decide di vegliare
nello spazio che vacilla
quando l'essere
sul punto di morire
dentro il proprio divenire
s'abbandona liquido alla mente
per il desiderio di cui mai si pente.

By Candle Light

Perhaps, like me,
at times you wake
beside a flame
that, like sand,
lightly changes,
flowing up,
building its shape,
while Time,
busy at every instant,
becomes searing liquid,
a vertical stream,
deciding to watch
in a wavering space
exactly when Being
is about to cease
in its own becoming,
fluently abandoning to mind
the desires it never repents.

Che gioco

Che gioco è mai questo?
Io ti prendo come musa,
tu mi chiami dalle nuvole,
poi m'immagino i tuoi occhi,
e mi lasci intravedere
le montagna, ogni stella, e il pulsare
di quel mare dove le balene
fanno a gara con le vele,
rincorrono un amore
che non sa se naufragare
o spaziare in abissi tra le vene.
Che gioco è mai questo?
Vorrei saperlo stasera,
scoprire questa tua beltà,
il tagliente scandalo della felicità.

The Game

What game is this?
I take you as a muse,
you call to me from the clouds,
then I imagine your eyes,
and you let me glimpse
the mountain, each star, and the pulse
of that sea where whales
race with the sails,
pursuing a love
without knowing whether to be shipwrecked
or wander in the abyssal spaces between the veins.
What game is this?
I'd like to know it tonight,
explore your beauty,
the knife-edged scandal of happiness.

Una e un'altra forma

Nuda e suadente collina,
tu sponda per vite,
frutteto e maggese
tramati negli anni
in curve protese, negli arti
nel declivio dei fianchi,
tu calanchi, stanchi poderi
arati con ferite di sempre,
tu gobba resistente ai malanni,
cornice terrosa,
girandola d'averi
nella mia bussola acuta e briosa,
tu chiarore ed essenza
per la notte stellata
da emozioni in torpore,
apparenza sognata,
coltre impagata d'amori iniziati
e trascorsi più oltre,
rocca protetta, cittadella
perfetta di silenzi in deriva,
balcone su più d'una riva,
belvedere d'incanto
che ascolto e ripeto quando sempre
e per sempre ricordo che sei
nuda e suadente collina,
tu sponda per vite,
frutteto e maggese…

One Form and Another

A bare and seductive hill,
you are edges for vines,
orchards and fallow land
woven through the years
in stretching curves, limbs
in the descending sides,
you are gullies, tired farms
plowed with the wounds of time,
you're a hunchback that resists all malady,
an earthen frame,
a whirligig of belongings
in my keen and spirited compass,
you are glimmering and essence
in the night lit up
by slumbering emotions,
you're a dream-world,
a priceless blanket of loves begun
and later spent,
you're a safe fortress, a perfect
citadel of drifting silences,
a balcony on more than one shore,
an enchanted viewpoint
that I listen to and repeat when always,
always I remember that you are
a bare and seductive hill,
you are edges for vines,
orchards and fallow land…

Un bacio

In questi giorni si congiungono
gli estranei in un'aritmetica d'amore
che la lingua conta
con sinuose evoluzioni
senza punti o espunzioni,
e assapora, bacio dopo bacio,
sillaba dopo sillaba,
agitando rispondenze nel tremore.

Giù alle radici della lingua
stanno le chimere degli incontri,
gli slanci e gli attriti di papille
su vocali, consonanti, dittonghi
che fanno la sintassi dell'abbraccio
una macchina di stelle,
un abbecedario
che mai potrà dimenticare
le scroscianti piogge dell'estate.

A Kiss

These days, strangers are joined
in an arithmetic of love
that the language calculates
with sinuous evolutions
without full-stops or erasures,
savoring, kiss after kiss,
syllable after syllable,
correspondences stirred by trembling.

Down at the roots of language
are chimeras of encounters,
impulses and the attrition of the papillae
on vowels, consonants and diphthongs
that make the syntax of the embrace
an engine of the stars,
a spelling-book
that never fails to remember
the thunderstorms of summer.

Così volevo

Così volevo la poesia:
materia bianca, accarezzata.
Piuma, petalo o carta
al limitare di un'alba.

In silenzio l'occhio nudo
qui vi splende, si pettina di luce,
perché il desiderio
s'infatui d'orizzonti.

This is How

This is how I wanted poetry to be:
white, caressed matter.
Feather, petal or paper
on the edge of a dawn.

In silence, the naked eye
shines here, is combed with light,
because desire
is infatuated by horizons.

Bilancia

Il corpo d'un poema
bilancia a malapena
il carico di vita
all'altro piatto.

Solo l'inganno dei pesi
pareggia il conto con le stelle.

Scale

A poem's body
barely balances
life's load
on the scales.

Only the deceit
of counterweights
can settle the bill
with the stars.

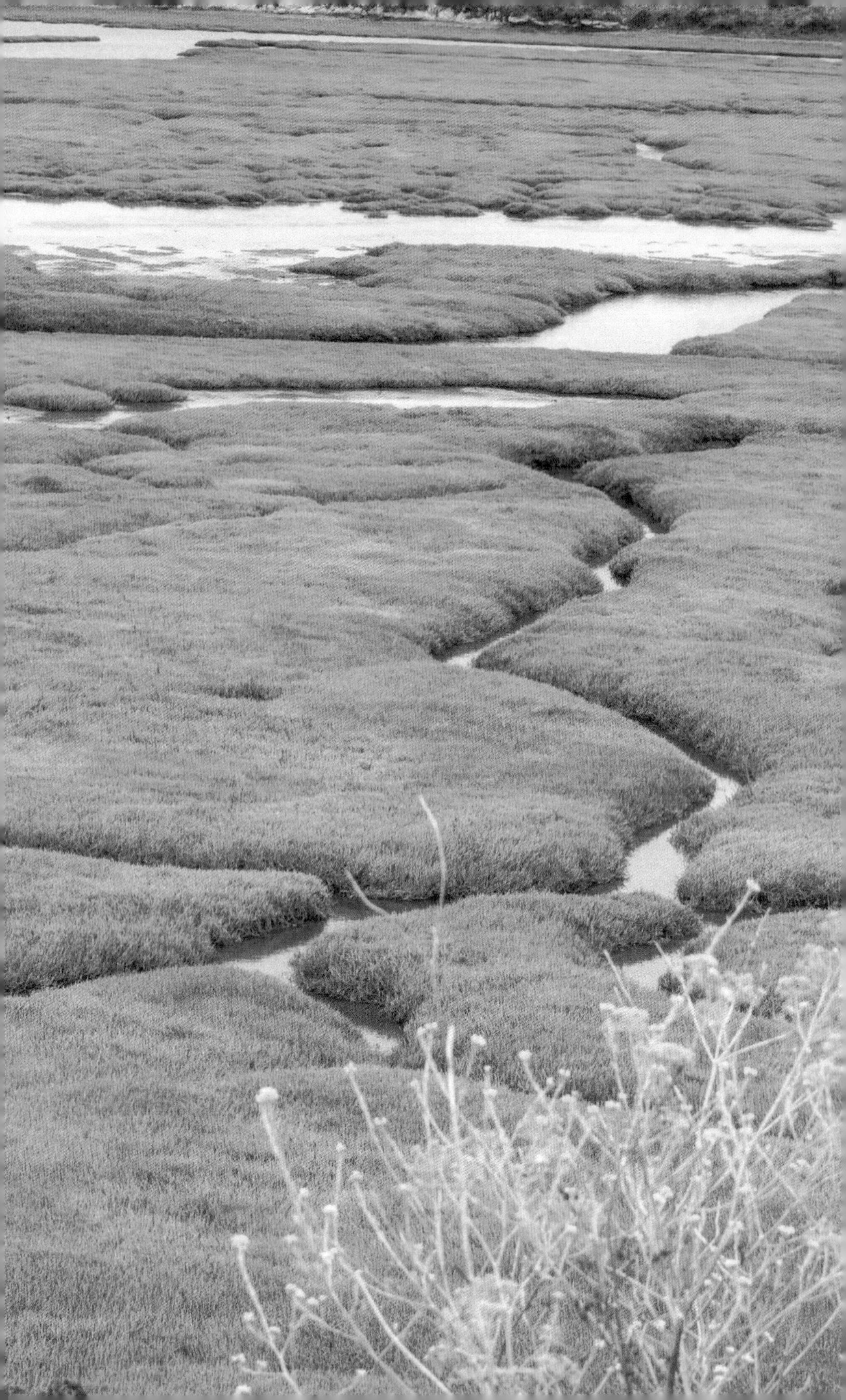

ENJOY THESE OTHER TITLES
FROM 'HcT! PRESS

111 Haikus

Case Studies of Five Modern Labyrinths

The Crimson Garter

The Grandpa Trio
Grandpa Goes Shopping
Grandpa Does Yoga
Grandpa Takes A Walk

The History & Adventures of the Bandit Joaquin Murietta

Hitman in Delhi, *a screenplay*

La Toux

Leaving Your Dragon

Legacy & Power

Paula's Proverbs, Volume I

Paula's Proverbs, Volume II

Return to Paradise: *A Love Letter to Catalina*

Supari

Swami Gopal Buri

Time Out For Dragon!

What Is A Brand?

Made in the USA
Charleston, SC
10 November 2014